AF316221

Par le M.is d'Avèze

ENTRÉE A LYON

DE L'ARMÉE AUTRICHIENNE,

LE 21 MARS 1814.

DÉFENSE GLORIEUSE

DE CETTE VILLE

PAR L'ARMÉE FRANÇAISE.

RETRAITE HONORABLE

DU MARÉCHAL AUGEREAU.

PARIS,

CHEZ LES LIBRAIRES ASSOCIÉS.

1814.

Jules ... Augereau avec une couronne
des Lauriers et de Chene présentée par les
habitans de la Commune de Bezier

Terrible aux factieux ainsi que dans la guerre,
Aussi grand général, qu'excellent Citoyen,
L'un des premiers conquérans de la terre
Que l'humanité Sainte ait conduit par la main;
Arbitre bienfaisant de nos longues querelles,
Augereau, ta présence a réjoui ces murs
Dont tu Soutins les magistrats fideles
Contre des ~~mos~~ ennemis impurs. —
Comble la publique allegresse
en accueillant le Don qu'elle t'adresse;
Ton cœur Sublime avec Simplicité
resisteroit en vain à la reconnoissance
respecte le Décret de la posterité
Dans l'hommage qui te devance.
La victoire qui mit à tes pieds triomphant
l'hydre du Royalisme et l'aigle germanique
Sauvera pour jamais des injures du tems
Ce laurier dont nos mains ceignent ton front civique

ENTRÉE A LYON

DE L'ARMÉE AUTRICHIENNE,

Le 21 mars 1814.

Dès la fin de décembre mil huit cent treize, Lyon était menacé de l'invasion des Autrichiens; ils possédaient déjà depuis quelque temps la Franche-Comté, la Bresse, le Bugey, et une partie de la Bourgogne, lorsqu'ils tentèrent, le dix-sept janvier dix-huit cent quatorze, d'entrer en arrangement avec les Lyonnais, pour occuper leur ville. Ils envoyèrent en conséquence ce jour-là un parlementaire, qui fut d'abord reçu par les Autorités municipales, et renvoyé par elles au général *Musnier*, qui commandait une poignée de soldats, alors l'unique défense de la ville. La sagesse et la fermeté des magistrats, la bonne contenance du général, et l'attitude imposante du peuple immense qui se trouva sur le passage du parlementaire lorsqu'il traversa Lyon, lui donnèrent à penser sur le danger que devrait courir une armée peu nombreuse qui oserait entrer dans cette cité : il se retira donc ; et son rapport au comte de *Bubna*, qui commandait l'armée autrichienne, contribua sans doute à faire renoncer pour le moment ce général à l'occupation d'une ville aussi importante.

Depuis lors il fut facile de s'apercevoir par toutes les démarches de l'ennemi, que ses vues se portaient d'un autre côté.

Sur ces entrefaites, le maréchal *Augereau*, duc de *Castiglione*, qui avait été envoyé à Lyon pour prendre le commandement d'une armée française (qui n'existait pas), s'occupa de tous les moyens qui furent en son pouvoir pour l'organiser : il fut lui-même jusqu'à Valence, pour prendre connaissance des troupes, des conscrits, des divers dépôts, et des munitions que renfermait cette place ; il les emmena avec lui à Lyon, où il établit son quartier-général. Là il forma une légion sous le nom de Garde Lyonnaise, deux cohortes portant la même dénomination, et un corps de partisans commandé par M. *Gustave de Damas*, qui, réunis aux conscrits, aux divers dépôts, et aux gardes nationales des départemens voisins, composèrent le noyau de son armée. Ces forces incomplettes, dont la plupart n'avaient point porté les armes, et dont beaucoup en connaissaient à peine le maniement, étaient insuffisantes pour les opposer à un ennemi qui, quoiqu'en petit nombre, avait de l'expérience, et de plus une artillerie et une cavalerie dont manquait totalement le maréchal *Augereau*. Bien convaincu de son impuissance momentanée, le duc de *Castiglione* se contenta d'en imposer à son ennemi par des marches, contre-marches, et par une petite guerre d'avant-postes, dans laquelle nos troupes n'eurent jamais le dessous.

Pendant que le général usait de prudence, le gouvernement s'occupait d'augmenter l'armée de Lyon, et de la mettre en état de se défendre : dix mille hommes détachés de celle d'Espagne, commandés par le maréchal *Suchet*, venaient en poste, du fond des Pyrénées, au secours d'*Augereau*. Ces troupes, dont la bravoure et l'exacte discipline étaient connues de toute l'Europe, arrivèrent à

Lyon, et portèrent dans toutes les ames l'espoir de la délivrance prochaine du voisinage de l'ennemi.

En effet, peu de jours après leur arrivée, le maréchal les ayant divisées en deux colonnes, dont une dirigée sur Mâcon était commandée par le général de division *Panetier*, et l'autre dirigée sur Bourg par le général *Musnier*, se mit en marche, et sans beaucoup d'efforts, chassa l'ennemi de la Bresse, du Bugey et du Mâconnais.

En même temps que le duc de *Castiglione*, à la tête de ses troupes, se rétablissait dans les pays envahis, et chassait l'ennemi, celui-ci se fortifiait et se renfermait à Genève, dont il s'était emparé le 3o décembre, et se préparait à s'y défendre et à s'y maintenir. Le maréchal *Augereau*, qui l'avait prévu, avait formé dans les environs de Grenoble, un petit corps d'armée sous les ordres du général *Marchand*, qui opérait sur le Dauphiné, la Savoie, et s'avançait sur la ville de Genève; tandis qu'*Augereau*, continuant ses opérations sur la Bresse et le Bugey, s'avançait aussi de son côté sur la même

ville, pour la bloquer et l'assiéger sur
deux points. Son plan parfaitement com-
biné, avait eu tout le succès qu'il devait
attendre. *Marchand*, après avoir fait évacuer Chambéry, Montméliant, Aix, etc.
était arrivé à Carrouge, et avait pris position sous les murs de Genève. Le maréchal de son côté n'en était plus qu'à
trois lieues. Tout se préparait pour le
siége de cette place, lorsque le maréchal
eut avis qu'une colonne ennemie forte de
quatre-vingt mille hommes, suivie d'un
parc d'artillerie considérable, s'avançait
vers Lyon, et se dirigeait sur cette ville
par les routes de Châlons et de Mâcon.
A cette nouvelle *Augereau* revint à la
hâte avec toute son armée ; et à peine
était-il de retour à Lyon, qu'on apprit
que l'ennemi s'était emparé de Mâcon et
du pont de cette ville : au même instant
la Bresse avait été envahie pour la seconde
fois, et tous les rapports confirmaient
l'approche des forces considérables des
Autrichiens. La prévoyance du maréchal
n'était point restée en défaut, et dès qu'il
avait connu le nombre des troupes qu'il

aurait à combattre , il avait demandé des renforts qui lui avaient été promis.

Le maréchal *Suchet* lui envoya, avec la même célérité que la première fois, un nouveau corps de dix mille hommes détachés de son armée d'Espagne , mais dont une partie seulement arriva assez à temps. L'ennemi s'avançait , se rétablissait dans toute la Bresse , après s'être emparé de Bourg. Le maréchal *Augereau*, pour l'empêcher de faire des progrès , détacha le général Bardet avec six mille hommes de jeunes troupes, qui chassèrent l'ennemi de Bourg, et de tous les lieux circonvoisins dont il s'était emparé ; mais bientôt les forces autrichiennes s'étant accrues, Bourg fut repris, le général Bardet obligé de se replier , et le maréchal *Augereau* forcé, sans différer, de marcher vers l'ennemi, qui avait déjà quitté Mâcon et se portait sur Belleville, et de là sur Villefranche.

Le 11 mars, les troupes qu'*Augereau* avait envoyées au-devant de l'ennemi, le rencontrèrent auprès de Villefranche, l'attaquèrent avec vivacité, et le conduisirent avec rapidité jusqu'aux portes de

Mâcon, où l'armée française devait se flatter d'entrer avec la même facilité qu'elle avait eue à repousser les troupes autrichiennes depuis le lieu où elle les avait d'abord rencontrées. Mais un événement fâcheux, et sur-tout la grande ardeur de nos soldats, dont le nombre se trouvait alors bien inférieur à l'ennemi, les perdit, et fut peut-être la cause des suites malheureuses de cette journée.

L'ennemi avait placé à l'entrée de Mâcon, et dans le jardin d'un particulier, des canons qui étaient masqués par des massifs d'arbrisseaux et des buissons au milieu desquels cette batterie était cachée. Nos troupes en avaient été instruites, et sans calculer le danger de l'embûche qu'on leur tendait, n'écoutant que leur zèle et leur courage, elles résolurent, malgré les remontrances et les ordres de leurs chefs, d'emporter cette batterie, qui était appuyée par une cavalerie nombreuse : elle vomit des feux terribles, fit tomber sur les nôtres une grêle de mitraille meurtrière qui les obligea de se replier aussitôt sur Belleville.

On doit remarquer ici qu'*Augereau* fit dans cette circonstance une faute que sa juste confiance dans ses troupes, et l'astuce de l'ennemi, doivent lui faire pardonner. Il avait à sa disposition toute son armée, et cependant il n'employa que trois mille hommes à cette afffaire ; et nul doute, que si ce corps n'eût pas été aussi faible, que si Augereau, au lieu de rester à Lyon, eût porté son armée entière à Villefranche et à Belleville, et par ce moyen eût pu secourir ces trois mille hommes qui essuyèrent toute la bordée des canons de l'ennemi, nous ne fussions sortis victorieux de ce combat, et que la batterie n'eût été emportée, et toutes les pièces prises.

Cette faute du chef ne découragea point l'armée : elle plaça ses avant-postes en arrière de Belleville, et se réunit en entier à Villefranche, où le duc de *Castiglione* porta son quartier-général. Huit jours se passèrent en petite guerre d'avant-postes, ou en petites affaires entre les ennemis et les partisans français, dans lesquelles ceux-ci, et principalement leur chef, M. *Gus-*

lave de Damas, firent des prodiges de valeur. La manière dont il se fit jour à Cluny, avec sa petite troupe, à travers les corps nombreux d'Autrichiens qui cernaient cette ville, est au-dessus de tout éloge.

Le 16 mars le maréchal ayant été informé que quelques éclaireurs de l'armée ennemie s'étaient portés sur Beaujeu, qu'ils y avaient commis des exactions, des crimes même dont le peuple avait été révolté, et s'était vengé; instruit que douze cents Autrichiens s'y portaient pour soutenir les leurs, envoya deux mille hommes au secours de cette ville; mais ils arrivèrent trop tard. L'ennemi avait déjà enlevé des contributions à Beaujeu, porté l'effroi dans toutes les ames, donné la mort à plusieurs et s'était retiré. C'est à dater de ce moment que, dans tous les lieux où passa l'armée ennemie, elle porta le fer, le pillage, les flammes et la dévastation. La journée du 17 fut aussi funeste à Belleville et à ses environs, que celle du 16 l'avait été pour la ville de Beaujeu. Enfin le 18, l'ennemi ayant reçu toutes les forces qu'il attendait, et se trouvant au moins quatre fois en nombre au-dessus de celui des Français, les attaqua à une lieue de Villefranche, et, par son immense supériorité, les força bientôt à battre en retraite.

C'est le cas ici de répéter ce qu'on a dit souvent, qu'une belle retraite est quelquefois aussi glorieuse qu'une victoire : celle d'*Augercau*, dans cette circonstance, lui fait le plus grand honneur, ainsi qu'aux braves qu'il commandait. Accablés par une artillerie formidable, par une cavalerie innombrable, par des forces les plus inégales, l'ordre ne fut jamais troublé, ni la bravoure altérée dans notre armée. Avec une poignée de soldats, trois régimens de cavalerie et fort peu de canons, nous soutînmes jusqu'à la nuit la fougue de l'ennemi ; et sans perdre deux cents hommes des nôtres, nous fîmes mordre la poussière à plus de quatre mille Autrichiens, après leur avoir fait beaucoup de prisonniers.

Sans blesser la justice due à toute l'armée d'*Augereau*, dont la vaillance se montra toujours la même, nous devons dire un mot de la belle défense opposée à l'ennemi par le régiment des cuirassiers, et par le douzième des hussards. Ils bravèrent tous les dangers, et à eux seuls surent tenir tête pendant quelques momens, et supporter le choc d'une cavalerie de dix mille hommes qui ne put jamais les entamer. Malgré ces brillans efforts, lorsque la fin de cette journée arriva nous nous trouvâmes repliés sur Montfort, à deux lieues de Lyon. Cette position militaire, sur laquelle le maréchal *Augereau* avait fait placer de l'artillerie, semblait devoir être imprenable ; mais l'ennemi l'avait déjà tournée lorsque nous la prîmes. Déjà son aile droite s'était emparée des villages de la Tour, Dardilly, Charbonnières, Tassin, Francheville, etc. et son aile gauche qui s'était étendue jusqu'à Montluel, et même au delà du Rhône (sur lequel avait été jeté un pont), avait forcé le général Bardet à se replier sur Miribel.

Dans cet état, le dimanche, 20 mars, l'ennemi nous attaqua simultanément sur tous les points, et ce ne fut plus le cas d'en défendre un seul. Le maréchal Augereau entouré, accablé par le nombre, disputa le terrain pied à pied ; et par les dispositions les plus habiles, la tactique la plus consommée, par un exemple qui ne manque jamais d'enflammer les soldats, vint à bout de doubler leurs forces et de soutenir leur courage au point que plus l'ennemi les pressait, plus ils se sentaient capables de les repousser.

La chose était impossible, et le maréchal le sentait bien. Mais il s'agissait de sauver une ville importante, de la préserver d'un pillage qui l'eût perdue à jamais : il s'agissait enfin d'empêcher l'ennemi d'y entrer pêle-mêle avec l'armée française, et sur-tout aux approches de la nuit. Il n'était encore que cinq heures du soir que l'ennemi enveloppait de toutes parts cette grande cité, et que son corps d'armée était sous ses murs, ou pour mieux dire dans ses faubourgs. Un peuple immense s'était porté sur les lieux les plus élevés de la ville, et voyait, avec les larmes aux yeux, tous les efforts que faisaient leurs généreux défenseurs. Le bruit continuel du canon, la fusillade qui redoublait et ne s'arrêtait jamais, le mouvement des troupes qui couvraient tous les coteaux dont Lyon est environné, formaient un spectacle imposant et curieux, mais fait pour porter la douleur et la consternation chez tous ceux qui en étaient les témoins. L'approche de l'ennemi, la crainte qu'il n'entrât pêle-mêle avec les nôtres, l'incertitude du sort de tous les citoyens, avaient répandu chez eux une si morne tristesse, que la ville entière semblait dans un état de mort. Cependant la nuit s'avançait, et avec elle le bruit de l'artillerie et le fracas des armes : *Augereau* inébranlable, toujours au milieu des siens, bravait tous les dangers. En vain un boulet lui avait-il enlevé son panache qui montrait à ses soldats le chemin de l'honneur; en vain avait-il été atteint par plusieurs balles qui n'avaient, à la vérité, percé que ses vêtemens, il les encourageait tous du geste, de la voix, et par une ardeur incroyable, à braver tous les périls. L'ennemi en ressentait tous les effets. La fureur qui s'était emparée de nos soldats, les faisait tomber sur lui comme des lions et joncher la terre de ses morts ; tandis qu'avec cette adresse , cette prestesse naturelle aux Français, ils venaient à bout de se ravir à celle qu'on cherchait à leur donner. C'est au milieu de cet acharnement, de cette retraite glorieuse , que la nuit vint surprendre les combattans. Le dernier coup de canon fut tiré à 7 heures et demie du soir : il fut le signal pour chaque armée de rentrer dans ses lignes.

Les feux des bivouacs marquèrent bientôt leurs positions ; et ces feux, placés en forme circulaire sur les sommités qui dominent la ville, réfléchissaient sur elle dans l'obscurité de la nuit une lumière éclatante , et produisaient un effet remarquable ; mais ce tableau était déchirant, cette image mêlée de terreur, quand on réfléchissait aux suites.

La ville était prise , *Augereau* n'avait plus à la défendre; il avait fait des choses bien difficiles , mais celles qu'il avait encore à faire ne semblaient pas plus aisées : il fallait faire évacuer cette armée qui, depuis quatre jours, n'avait pas eu une minute de repos; il fallait arracher à l'ennemi tout le matériel de cette armée; il fallait sauver tous les blessés que renfermaient les hôpitaux; il fallait faire partir les nombreux prisonniers que nous avions faits; il fallait protéger le départ de toutes les administrations ; il fallait enfin troubler le moins possible la tranquillité d'une cité prête à être accablée de tous les maux qu'entraîne la guerre après elle; bref, il fallait éviter trop de mouvement qui eût pu donner l'éveil à l'ennemi sur la retraite de nos troupes, et l'engager à des entreprises funestes, et que la nuit eût rendu plus funestes encore.

La prudence et l'habileté du maréchal pourvurent à tout, obvièrent à tout : la nuit couvrit parfaitement notre retraite ; et ce qu'il y eut de bien remarquable, c'est que, quoiqu'elle ne se soit opérée que par un seul point (le pont de la Guillotière), l'ennemi, la ville, ne s'en sont point aperçus ; lorsque le jour est arrivé, les troupes autrichiennes ont cherché les nôtres, et leur surprise a été extrême de ne point en apercevoir de vestige.

Cette retraite habile du maréchal avait donné le temps aux magistrats de se concerter, et à cinq heures du matin le maire de Lyon , assisté d'un de ses adjoints , s'était rendu au quartier-général du prince de *Hesse-Hombourg* commandant l'armée autrichienne , pour prendre ses ordres et obtenir de lui que la garde nationale fît le service intérieur conjointement avec les troupes alliées. Le prince témoigna au maire son étonnement de ne plus apercevoir de traces de l'armée française , et laissa même apercevoir quelques regrets que la durée du jour ne lui eût pas permis d'entrer la veille : il ordonna au maire de tout disposer pour l'entrée des troupes autrichiennes dans la matinée , et lui donna une escorte de quatre cavaliers et d'un trompette, qui entrèrent à Lyon vers les neuf heures, en précédant la voiture du premier magistrat.

Dans la matinée toutes les troupes de l'armée autrichienne défilèrent : la cavalerie, une partie de l'infanterie, les troupes de la confédération qui la composaient, étaient dans la meilleure tenue et le meil-

(19)

leur ordre possible ; l'autre portion de l'infanterie était beaucoup moins bien. Une partie de ces troupes se dirigea, par le pont de la Guillotière, sur les traces de l'armée d'*Augereau* ; l'autre fut placée dans les divers faubourgs et les différentes casernes. Mais dans la journée du 21 et la nuit suivante, plusieurs ayant manqué de vivres, un ordre donné par le prince de *Hesse-Hombourg*, par l'entremise de M. le comte de Salins, commandant la place de Lyon, parut le 22, qui enjoignait au maire de faire loger, *sur-le-champ*, les troupes chez les bourgeois, et de leur faire donner *un verre d'eau-de-vie et la soupe le matin ; à dîner, une soupe, demi-livre de viande, un plat de légumes, et une demi-bouteille de vin ; le soir pareille ration de soupe, viande, légumes.* Les troupes furent en conséquence dispersées dans la ville, et malgré les soins apportés par les magistrats, quelques erreurs furent cause que plusieurs citoyens eurent à souffrir; mais les premiers momens passés, ces erreurs furent relevées avec beaucoup d'attention, et la répartition des troupes fut égale. Le désordre inséparable de l'entrée et du placement d'un grand nombre de troupes, occasionnèrent la plupart des souffrances que la ville eut à supporter. C'eût été encore le moindre mal, si Lyon n'eût eu à gémir que sur cette irruption momentanée ; mais le second jour on eut à pleurer sur de plus grands malheurs : toute la route, depuis Belleville jusqu'à Lyon, et principalement les environs de la ville, avaient été les témoins et les victimes des désastres les plus affreux. Les Châteaux de M. le marquis de Saint-Try, près d'Anse, de MM. de Ruolz à Francheville, de Lacroix-Laval à Charbonnières, de Varax à la Duchère ; les villages d'Ecully, de Saint-Didier, de Dardilly, de Vaize ; enfin, une multitude des plus belles maisons qui bordent la Saône de ce côté-là, avaient été pillées, ravagées par l'armée ennemie ou par les traînards. La plupart des habitations de Grange-Blanche, et celles situées sur les chemins du Bourbonnais et de la Bourgogne, avaien eu le même sort. Quelques-unes avaient ét

(21)

ncendiées, et plusieurs femmes et jeunes
filles maltraitées, battues et violées. Ces
excès avaient porté la consternation, et
chacun voyait, dans l'arrivée des Autrichiens, le commencement de tous les
maux qu'entraîne après elle la plus cruelle
de toutes les guerres. Cependant l'intérieur de la ville n'avait point encore souf-
fert, et à l'exception des logemens et de
a nourriture des troupes, elle n'avait qu'à
se louer de la conduite de l'ennemi. Les
magistrats, d'accord avec les chefs de l'armée, avaient tout disposé pour maintenir
e bon ordre, pour rassurer davantage
tous les citoyens. La police des rues, celle
des places, et généralement tous les pos-
tes, avaient été confiés à la garde nationale, conjointement avec les troupes
étrangères. Ces sages précautions calmè-
rent les esprits ; et la proclamation du 23
acheva ce que le zèle des magistrats et la
garde nationale avaient si bien commencé.

Cette proclamation, affichée avec pro-
fusion dans tous les quartiers, portait
en substance, que « les inconvéniens insé-
» parables de l'envahissement d'une nom-

» breuse armée, étaient prêts à disparaî-
» tre ; que l'ordre allait se rétablir et
» qu'il serait maintenu; que les propriétés
» seraient respectées, la sureté des per-
» sonnes sacrée ; que toutes les plaintes
» seraient écoutées, et les coupables punis
» avec sévérité. »

Plein de confiance dans ces promesses, le peuple se livre à l'espoir, et laisse apercevoir une sécurité presque parfaite; mais elle fut un peu troublée durant quelques jours, par diverses exactions commises dans plusieurs quartiers, envers différens particuliers. La plus pénible de toutes ces exactions, celle dont les citoyens de toutes les classes paraissaient le plus offensés, était la vente qui se faisait publiquement sur la place de Bellecour, de tout le linge, hardes, bijoux, bœufs, chevaux, qui avaient été pris et volés aux environs de la ville. Rien n'exaspérait davantage tout le monde, que de voir donner pour trente sous une nape dont le moindre prix était de vingt-quatre francs, et pour trente-quatre et trente-six francs un cheval qui en valait plus de quatre cents, etc.

Pendant la courte durée de ces ventes, le peuple se porta à des menaces, à des violences même, dont les vendeurs ou les acheteurs auraient été les tristes victimes 'sans la prudence et l'activité hors de tout éloge, de la garde nationale qui les arracha plusieurs fois à une populace en fureur et avide de vengeance. Nous devons ici rendre justice aux chefs de l'armée autrichienne. Ils s'empressèrent de mettre fin à ces brigandages, et d'arrêter ces désordres dès qu'ils en eurent connaissance. Une ordonnance de police apposée le 26 mars, et dont l'exécution fut de nouveau confiée aux magistrats et à la garde nationale, les fit cesser entièrement. Il restait encore des craintes ; et la stupeur continuait à être telle, que les spectacles, les cafés, les boutiques demeurèrent fermés. La présence des troupes, la suspension de toutes les administrations, l'attente douloureuse des réquisitions dont la ville était menacée, les marches et contre-marches des divers corps de l'armée qui étaient sans cesse en mouvement : tout portait atteinte à la tranquillité générale, tout inspirait une sorte de terreur dont il était difficile de se défendre. L'ouverture des spectacles par ordre, celle des cafés qui se fit spontanément, le départ d'une partie des troupes qui marchèrent sur Vienne, une proclamation du 27 qui nomma M. Decotton membre du conseil général, pour remplacer provisoirement M. de Bondy pendant son absence, tous les divers fonctionnaires rappelés à leur poste, un silence profond sur les réquisitions, ne contribuèrent pas peu à faire supposer à l'ennemi des intentions plus pacifiques qu'on n'avait cru. Dès-lors, malgré la stagnation des affaires, malgré le défaut et l'impossibilité de toutes les relations commerciales, la confiance sembla faire des efforts et commencer à reparaître. Les boutiques s'ouvrirent, les ventes reprirent, les communications avec les pays envahis se rétablirent, et l'on attendit, dans cette position, des événemens qui ramenassent le calme et la paix si désirée par tous les partis.

FIN.

Vers sur l'Entrée

des

Troupes Françaises à Lyon, commandées

par Son Excellence le Maréchal Augereau

Pour les bords glacés de l'Isère,
Augereau, ce brave est parti ;
Au fond de son cœur il espère
De voir bientôt fuir l'ennemi.

Aux murs de Grenoble il assemble
De vaillans et nombreux soldats ;
« Amis, dit-il, mourir ensemble
« Voilà le plus doux des trépas »

« Joyeux enfans de la victoire,
« Courons, Lyon est en danger,
« Courons acquérir de la gloire,
« Courons périr ou le sauver. »

À ces mots, la cavalerie
S'élance avec les fantassins ;
Les caissons et l'artillerie
De Lyon couvrent les chemins.

À leur approche, tout s'agite,
La foule précède leurs pas,
L'on court et l'on se précipite,
Pour mieux voir ces braves soldats.

Des clameurs de : <u>Vivent la France</u>
<u>Nos bataillons, nos étendards !</u>
<u>D'Augereau vive la prudence !</u>
Rétentissent de toutes parts.

Des feux brillent.....et cette ivresse,
Est le présage du succès.
Ah ! c'est un signal d'allégresse,
Donné par tous les bons Français.

Par une noble jalousie
L'un l'autre on veut se surpasser;
On leur prodigue l'eau de vie
Des ruisseaux de vin vont couler.

Chacun veut dans son domicile
Mener ses loyaux défenseurs;
Chacun leur donnant un azyle
Croit loger ses libérateurs.

Devant cette troupe brillante
L'ennemi va se dissiper;
La France bientôt triomphante,
N'aura plus rien à redouter.

Par Thierry Broteman âgé de 13 ans